LAS MUJERES
QUE DIOS AMÓ

LAS MUJERES QUE DIOS AMÓ

-La Historia de Débora -
La Historia de María Magdalena -
La Historia de Rahab

2 DE 7

MARY ESCAMILLA

Número de Control de la Biblioteca del Congreso de EE. UU.:   2020911212
ISBN: Tapa Dura   978-1-5065-3285-1
             Tapa Blanda   978-1-5065-3284-4
             Libro Electrónico   978-1-5065-3283-7

Información de la imprenta disponible en la última página.

Fecha de revisión: 11/08/2020

Para realizar pedidos de este libro, contacte con:
Palibrio
1663 Liberty Drive
Suite 200
Bloomington, IN 47403
Gratis desde EE. UU. al 877.407.5847
Gratis desde México al 01.800.288.2243
Gratis desde España al 900.866.949
Desde otro país al +1.812.671.9757
Fax: 01.812.355.1576
ventas@palibrio.com
814176

ÍNDICE

LAS GRANDES MUJERES DE DIOS, QUE ÉL AMÓ

PRÓLOGO

LAS MUJERES QUE DIOS AMÓ

En la historia siempre hubo, hay y seguirá habiendo grandes mujeres de Dios, pero nos vamos a remontar tiempo atrás hasta una época en especial. Dios amó a muchas mujeres, sí amado lector, aunque usted no lo crea, Él las amó y la Biblia habla de cada una de ellas. Qué extraordinarias mujeres de Dios porque también lo amaron con un infinito y grande amor y lo sirvieron con gran pasión.

Qué hermoso saber que aún existe ese gran amor, les invito a que lean este maravilloso libro, estas historias verdaderas y este amor infinito, con fuego, por parte de Dios para ellas y de ellas para Él. Las mujeres de Dios te harán recordar en cada palabra y en cada pasaje de qué manera ellas amaron a Dios, con todo su corazón. Y la entrega y el amor de ellas para Él son extraordinarios; ese amor tan grande y las pruebas que tuvieron que pasar para buscar el verdadero amor de Dios.

- Estériles
- Enamoradas
- Profetas
- Diaconisas
- Adoradoras

- Misioneras
- Maestras
- Rameras
- Evangelizadoras

Pero todas ellas fueron ungidas por el Espíritu Santo.

A Dios lo amaron desde el principio, en verdad, desde Reinas, Infieles, Rameras, Idólatras, Incrédulas, Adúlteras. E igual mujeres Fieles y Serviciales, así como Vírgenes, Esclavas, Siervas. Desde hijas de reyes hasta plebeyas, amaron a Dios. Todas ellas formaron el Cuerpo de Cristo.

Qué privilegio poder amar y tener esa capacidad, ese fuego, ese amor por Dios. Unas dejaron todo por ese gran amor, le sirvieron, lo adoraron, lo amaron, se postraron a sus pies.

Verdaderamente grandes mujeres que Él amó con ese amor puro e infinito que solamente Él lo puede dar. De la misma manera ese cuidado, esa cobertura y esa provisión que Él nos ofrece cuando lo amamos y en nuestra vida está en primer lugar en todo. Él fue su primer amor de todas.

Como está en la Escritura: Ama al Señor tu Dios con toda tu mente, con todo tu corazón, con toda tu alma.

SU AMOR

SU FE

SU ESPERANZA

SU ENTREGA

SU ARREPENTIMIENTO

Eso y mucho más siempre han caracterizado a las auténticas mujeres de Dios. La Biblia nos habla de esas maravillosas Mujeres que Dios Amó y las cuales entregaron su vida y rindieron su corazón al verdadero Dios. Desde María, la madre de Jesucristo; hasta María

Magdalena, la adúltera; Rahab, la ramera; así como Rut, la moabita; Débora, y la reina Ester, entre otras.

Nos podemos pasear por toda la Biblia y deleitarnos con las increíbles historias de todas y cada una de ellas. Nos gozamos al saber cuánto amaron a Dios evangelistas, guerreras, servidoras, guiadoras e instructoras. Siempre adelante, a ellas nada las detuvo por mucho sufrimiento, tribulaciones o persecuciones, con gozo amaron a su Señor, su Dios.

En estas hermosas y maravillosas historias de las mujeres de Dios, vas a conocer pasajes de muchas de ellas y su gran amor a Dios; desde madres, hijas, suegras, hermanas, abuelas, amantes, mentirosas, infieles, idólatras, servidoras, cuidadoras, amadoras, evangelizadoras, predicadoras fieles, instructoras. Unas con amargura, pero a todas ellas Dios las amó y las perdonó porque se arrepintieron y rindieron su vida a Él. Y con algunas de ellas podrás identificarte en un área de tu vida, ya que acontecieron muy parecidas a las tuyas.

Y Él también te ama a ti, no importa la condición en la que te encuentres o por lo que estés pasando, Él te ama así tal y como eres. Nunca dudes del amor de Dios porque es auténtico y verdadero. Él es el único que nunca te abandonará ni te dejará hasta el último día de tu vida. Él siempre estará contigo, confía en Él sobre todas las cosas y lo demás vendrá por añadidura. Él te ama mujer de Dios, tú eres su creación.

LA CREACIÓN

Dios dijo; no es bueno que el hombre esté solo, le haré una mujer, e hizo su ayuda idónea.

Las Grandes Mujeres que Dios Ama tienen un entendimiento en la Palabra del Señor y siguen sus instrucciones.

Vamos a ver varios versículos de la Biblia donde se habla de las Mujeres que Dios Amó.

"Mujer virtuosa, ¿quién la hallará?" Proverbios 31:10.

Que vistan con ropa decorosa, que tengan pudor y modestia. Mujeres temerosas del Señor, que se sujeten a sus maridos, que sean sabias y entendidas.

Mujer virtuosa corona de su marido. Mujer agraciada alcanza honra. Las mujeres sabias edifican sus hogares.

Desde el principio, las mujeres han sido guerreras. Así como María la madre de Jesús, mujer valiente, entendida, llena de gracia, de amor y de misericordia, de sabiduría y justicia, y entregada al Señor nuestro Salvador. Aunque Él era su hijo, ella le llamaba mi Señor.

En varios pasajes de la Biblia encontramos muchas mujeres que Dios amó. Otra fue Ester, mujer valiente que se paró en la brecha para salvar a su pueblo. Así como Sifra y Fúa, ellas oyeron y siguieron la instrucción del Divino Maestro y preservaron la vida de los niños y no dieron muerte como quería el rey de Egipto.

Hasta llegaron a tener una Iglesia en su casa.

"Porque las mujeres de Dios son coherederas." Romanos 8:17.

Muchas de las promesas de Dios son para ellas, así como las hijas de Felipe, grandes servidoras y amadoras de Dios.

Las cuatro hijas de Felipe tenían el don de la profecía. Una de ellas, Priscila, la esposa de Aquila, fueron el matrimonio de colaboradores del apóstol Pablo, qué privilegio.

"Saludad a Trifena y a Trifosa, las cuales trabajan en el Señor. Saludad a la amada Pérsida, la cual ha trabajado mucho en el Señor." Romanos 16:12.

Siempre la visión profética del Salmo 68:9, dice que el Señor daba palabra y había grande multitud de las que llevaban la buenas nuevas, así como el bautismo, la unción, los dones. Son para las mujeres que Dios ama, eso y más.

¡No te dejes engañar!

La mente es un campo de batalla y ahí el enemigo trabaja para confundir a la mujer, como lo hizo con Eva.

Pero tenemos un Dios soberano y poderoso.

"Las mujeres, muy importantes en la creación de Dios y Adán, cuando supo que había sido tomada de su mismo cuerpo, dijo esto es ahora hueso de mis huesos y carne de mi carne." Génesis 2:23.

Pero éste era el plan de Dios, ese fue el propósito, crearle una ayuda idónea al hombre. Desde el principio fue un plan divino de Dios." Génesis 1:26.

"Cuando Dios dijo hagamos al hombre se refería al humano y lo creó a su imagen y semejanza." Génesis 1:27.

Porque dijo varón y hembra, los creó de esa manera y queda claro porque la palabra hebrea es Adamah (ser humano, hombre).

De manera que Dios dijo que sería la ayuda idónea del hombre y la mujer de Dios debe ser motivadora, inspiradora y guiada por el Espíritu para ser una mujer ejemplar para su marido e hijos, así como para la familia. Siempre es edificadora, tiene palabras de aliento para cada una de las personas porque es una mujer sabia y entendida.

Dios la creó para el hombre, que es la cabeza del hogar. Amadas, aprendamos de ellas, de estas Grandes Mujeres que Dios amó, porque a todas también nos ama, les llama hijas, porque somos 'la niña de sus ojos'.

Pueblo escogido coheredero; instrumento, siervas, obreras, discípulos, creyentes, Etc., ministradoras y evangelizadoras, porque en Cristo no hay diferencia, las mismas promesas para los hombres son para las mujeres, porque todos forman el mismo cuerpo de Cristo. Él no hace acepción de personas, en el Ministerio del Señor hubo profetisas y evangelistas, como la mujer samaritana aquí encontramos dos Ministerios anunciando mujeres las buenas nuevas del Salvador.

La sabiduría de Dios al crear a la mujer para que Adán pudiera reproducirse. ¡Qué maravilloso que la creó de la misma carne de Adán! y fue hueso de sus huesos y carne de su carne, a ella no la creó del polvo como lo hizo con Adán. ¡Qué bello plan tenía el Señor, qué propósito para la multiplicación de los humanos, y qué amor para la mujer.

Desde el principio ese era el plan de Dios. Cuando Dios formó a Adán y a Eva les llamó Adamah, no como un nombre personal, sino como identificación para un ser humano. De esa manera Dios dio dignidad a la mujer como ayuda idónea del hombre. Lo hizo bajo la perfección de la creación original para que vivieran en armonía.

La hizo de la costilla del hombre no de la cabeza, para que no se suba ahí, ni de los pies para ser pisoteada. Fue de su costilla, cerca del corazón, para que la amara, protegiera y cuidara. Como la cabeza que es el varón, así ella estará sujeta a su marido. Él tiene la autoridad en su hogar. Esa es la Instrucción Divina.

MUJER, DIOS TE AMA, ERES SU CREACIÓN

Eres la más bella
Eres obediente
Ámate a ti misma
Eres entendida
Eres preciosa
Eres amada
Eres sabia
Eres alabada
Eres honesta
Eres maravillosa
Eres valiente
Eres bonita
Eres entregada
Eres inteligente
Eres princesa
Llena de gracia
Eres única
Eres diligente
Eres ganadora
Eres guerrera
Eres poderosa
Eres amorosa
Eres fiel
Eres auténtica
Eres servidora
Eres adoradora
Eres creación de Dios.

Ocupa siempre

Tu tiempo

En el conocimiento

De la Palabra de Dios.

Dra.

6

La Vid

Dios da a
Los humildes;
La remuneración,
La riqueza
Y la honra.

Mary Escamilla
Dra. ♥

La Vid

Encuentra el
Buen remedio,
Con un corazón
Siempre alegre.

La Vid

Cuando el espíritu
Se entristece, se
Secan tus huesos.
¡Cuidado!

Mary Escamilla
Dra. ♥

La Vid

Jesús es

Mi Pastor,

Mi Guía y

Mi Salvador.

Mary Escamilla
Dra. 🖤

La Vid

Jesús es mi
Sabiduría.

Mary Escamilla
Dra. ♥

La Vid

Jesús es
Mi novio,
Amoroso
Y fiel.

Mary Escamilla
Dra. ❤

La Vid

Jesús es
El Príncipe
De Paz.

Mary Escamilla
Dra. ♥

Jesús es
Mi rama de
Sabiduría.

La Vid

Jesús es mi
Fiel Esposo
Para siempre.

Mary Escamilla
Dra. ♥

Jesús me bautiza
Con el Espíritu
Santo y Fuego.
¡Gloria a Dios!

Mary Escamilla
Dra. ♥

Jesús es
Poderoso
Para salvar.

Mary Escamilla
Dra. ♥

La Vid

Jesús es la
Columna
De Fuego.

Mary Escamilla
Dra. ♥

Jesús es

El Profeta

Perfecto.

Mary Escamilla
Dra.

La Vid

Jesús es

El Cordero

De la Pascua.

¡Aleluya!

Mary Escamilla

Dra. ❤️

Debora

LA HISTORIA DE DÉBORA

Hoy en día estamos viviendo tiempos en que muchas mujeres (y hombres también) son víctimas de violencia y muchos abusos, quienes no son tratados con dignidad y eso hace que no se sientan capaces de realizar los sueños que Dios ya ha implantado en sus corazones, pero tenemos a un Dios que sabe valorar tanto al hombre como a la mujer.

En esta historia vemos que Dios elige a una mujer para gobernar, le fueron asignadas tareas muy importantes demostrando así que Dios puede confiar en las mujeres sin quitarle la posición al hombre como cabeza y sacerdote del hogar y, que además de confiar, nos ha equipado de valentía y fuerzas para ejercer autoridad en el mundo espiritual para derribar todo lo que quiera levantarse en contra de nosotras.

Eso lo vamos a ver aquí, en esta historia que a continuación leerán.

Débora es un gran ejemplo de lo que Dios puede hacer en la vida de una mujer, no sólo era la esposa sino que ejercía como jueza y a la vez profetizaba.

Qué privilegio cuando Dios te da esa autoridad y ese poder.

"Gobernaba a Israel en aquel tiempo una mujer, Débora, profetisa, mujer de Lapidot;

Y acostumbraba sentarse bajo la palmera de Débora, entre Rama y Bet-el, en el monte de Efraín; y los hijos de Israel subían a ella a juicio." Jueces 4:4, 5.

No era fácil que una mujer gobernara en aquellos tiempos; por razones culturales, pero Débora lo logró porque su confianza estaba puesta en Dios.

No en los hombres ni en las cosas del mundo, sino en el Dios Todopoderoso. Porque ella fue una mujer que Él amó.

Veremos algunas cualidades que ella tenía.

1-Una Mujer Sabia, Valiente y Prudente.

No era sabia en su propia opinión, sino había puesto a Dios en primer lugar en su vida, consultándole en cada decisión que tomaba y lo reconocía como la fuente del conocimiento y la inteligencia.

Eso mismo quiere Dios de nosotros, que dejemos el afán por las cosas de este mundo que son perecederas y pongamos en orden nuestras prioridades.

Dios primero, sobre todas las cosas.

¿Cuáles son tus prioridades?

Quizá tu esposo, tus hijos, el trabajo, la vida social, tus estudios, tu negocio, Etc.

Dios demanda de nosotros siempre el primer lugar; que al empezar el día le agradezcamos por un día más, que lo alabemos y luego que intercedas por toda tu familia, hermanos y amigos, que aunque estemos pasando tribulaciones y angustias le entreguemos todas nuestras cargas. Luego que leas las instrucciones que Él ha dejado en su Palabra, la Santa Biblia, la cual hace sabio al sencillo, prudente y entendido al menesteroso.

Débora buscaba el rostro de Dios para poder llevar a cabo sus roles con éxito, los cuales requieran de responsabilidades y obligaciones primeramente como esposa. La Biblia no nos dice si tenía hijos, pero además de eso ejercía como jueza y también como profetisa.

¿Cómo te consideras como esposa o como esposo, como hija, como hermana?

¿Qué calificación te das?

¿En qué área necesitas ayuda tú?

Siendo una mujer sabia, Débora edificaba su casa con materiales divinos como el amor, el respeto y la buena comunicación y de esa forma su casa no sería destruida por nada; pero también existe la mujer necia o insensata que edifica con materiales humanos y destruye su hogar con sus propias manos en lugar de construirlo sobre la roca fuerte que es Cristo.

¿Con qué materiales has edificado tu hogar?

¿Con la desconfianza, con la falta de sujeción a tu esposo, con la mentira, desconfianza, desobediencia, con los celos, el enojo, con el orgullo o altivez, Etc.? Estos materiales son destructivos, y se convierten en comejenes que destruyen el hogar.

Había un gran desafío para esta mujer, tenía que ir a la guerra y ganarla. Ella nuevamente nos da el ejemplo, dirigió al ejército con la sabiduría de Dios.

La Palabra de Dios nos dice:

"Y con dirección sabia se hace la guerra." Proverbios 20:18.

2-Qué Mujer Sabia, Valiente y Entendida, que Dios amó.

En medio de todas las responsabilidades no se intimidó, el pueblo de Israel era oprimido por un hombre cruel por veinte años. Pero el pueblo clamó y Dios hizo justicia usando a esta gran mujer. Ella muestra su valentía, era una líder que iba al frente, no sólo delegaba sino que daba el ejemplo de ser valiente.

¿Estás siendo víctima de crueldad o abuso?

La Biblia nos habla que vendrían tiempos peligrosos donde se levantarían hombres de este tipo:

-Amadores de sí mismos.

-Avaros.

-Vanagloriosos.

-Soberbios.

-Blasfemos.

-Desobedientes a los padres.

-Ingratos.

-Impíos.

-Sin afecto natural.

-Implacables.

-Calumniadores.

-Intemperantes.

-Rebeldes.

-Crueles.

-Aborrecedores de lo bueno.

-Traidores.

-Impetuosos.

-Infatuados.

-Amadores de los deleites más que de Dios.

-Que tendrán apariencia de piedad, pero negarán la eficacia de ella; a esos evita, aléjalos de tu vida, son tropiezo para tu vida espiritual.

Asimismo, se había levantado en esos tiempos un hombre que amaba la crueldad y se gozaba con el sufrimiento del pueblo de Dios.

¿Quiénes te están haciendo daño hoy?

¿Los mismos miembros de tu congregación? ¿Es tu cónyuge, son tus compañeros de trabajo, tu jefe? ¿Son tus hijos, tu familia, amigos, tu vecino?

¡No importa quién sea, sean humanos o huestes del reino de las tinieblas!... ¡Se les ha llegado su día!... ¡Se acabó!

Es el tiempo de despertar y levantarnos para destruir a estos enemigos en el nombre de Jesús; y que ya no sigan destruyendo nuestras vidas. ¡Alto!

Oremos y digámosle al Señor, no me entregues a la voluntad de todos ellos, si sientes que se han levantado en contra tuya y has sido acusado(a) falsamente por aquellos que aman la crueldad y se deleitan en hacer lo malo y en ver sufrir a otros, espera en Dios, que Él todo en su tiempo lo saca a luz, lo muestra y enseña todo lo oculto. Porque Él todo lo sabe y todo lo ve.

Y ellos serán uno a uno destruidos, en el nombre poderoso de Jesucristo.

No temas, Dios está contigo y te ama.

¿TIENES TEMOR DE ENFRENTARLOS?

Recuerda que Él te ha dado un espíritu de dominio propio, no de temor.

Barac había escuchado la voz de Dios, pero tenía temor de obedecer. Débora le recuerda, y le dice "no te ha mandado Jehová que juntes a tu gente en el monte; pero a Barac le faltaba valor.

"Barac le respondió: si tú no fueres conmigo no iré." Jueces 4:8.

Y Débora como una Mujer Valiente le responde:

"Ella dijo: Iré contigo…y levantándose Débora fue con Barac a Cedes." Jueces 4:9

Un ejemplo para las esposas o esposos, cuando vean a su cónyuge decaído y con temor no duden en decirle; es tiempo que te vistas de valentía y, en los momentos difíciles, le tomes de la mano y le digas; iré contigo hasta el final, no importa si es enfermedad, angustia, pobreza o cualquier tribulación, y darle ánimo, en el nombre de Jesucristo.

Porque Él todo lo puede. Él dice en su bendita Palabra, que te guardará en el hueco de su mano.

3-Débora era una Mujer de fe.

Aunque tenían pocas armas para pelear, ella se mantuvo segura en Dios que iban a destruir a los enemigos.

"Entonces Débora dijo a Barac:

"Levántate, porque éste es el día en que Jehová ha entregado a Sisara en tus manos ¿No ha salido Jehová delante de ti? Y Barac descendió del monte de Tabor, y diez mil hombres en pos de él." Jueces 4:14.

Es un poco difícil que los hombres obedezcan órdenes de una mujer, pero en ella veían una autoridad que venía del mismo cielo, que aun los hombres eran impactados y le obedecían, porque reconocían que era el Espíritu de Dios que la guiaba y eso hizo que se rompiera esa barrera.

Porque su fe era grande, ella confiaba en el Todopoderoso. ¿Cuántas Débora hay ahora en día, que se levanten de esa manera dispuestas a pelear con la cobertura de Dios y con la seguridad de esa fe grande que iba a ganar? Porque el que pelea la buena batalla por ti y por mí es Dios y Él te lleva en victoria.

¿Qué podemos aprender de ella?

-Dejar de ser mujeres victimarias.

¡Levántense en el nombre de Jesús!

¡Ah, pero eso es muy difícil!

Sí, así es para nosotros los humanos, pero para Dios todo es posible, para Él nada es imposible. Él es el creador de los cielos y la tierra, y todo lo que hay en ella.

Si experimentaste la violencia física, emocional y psicológica, has sido afectado en tu mente. También esta agresión repercute en todas las personas que se relacionan contigo; cuando una persona sufre, también la familia es afectada con el dolor que ese evento provocó en tu vida, ¿desdicha? Pide en el nombre de Dios porque Él te ama.

¿Has dicho pobre de mí?

Las violaciones en la niñez causan traumas difíciles de superar, quizá en estos momentos tienes mucho resentimiento y odio contra alguien. Pero con Dios a tu lado es posible perdonar a todos los que te han ofendido, te han humillado y maltratado. ¡Bórralos de tu mente!

¿Qué traumas agobian tu vida hoy, que no te dejan seguir adelante?, te has quedado estancada(o) en el resentimiento, no sigamos sufriendo; hay alguien que murió en una cruz para hacernos libres y sanarnos de toda herida.

"Más Él herido fue por nuestras rebeliones, molido por nuestros pecados; el castigo de nuestra paz fue sobre Él, y por su llaga fuimos nosotros curados." Isaías 53:5

Cuando nos sentimos víctimas, reflejamos un sentimiento de lástima a los demás, y buscamos la compasión de otro humano olvidándonos que nuestro socorro viene de Jehová.

Débora fue a la guerra, preparó a su ejército y Jehová quebrantó al enemigo.

Dios hizo justicia, en estos tiempos no tenemos que tomar la venganza con nuestras manos, ahora Jesucristo pelea por nosotros, Él nos hará justicia, Él es nuestro abogado defensor, el gran proveedor, nuestro sanador y Él es el Salvador de nuestras almas.

Por eso:

¡Levántese ahora! Y diga:

Todo lo puedo en Cristo que me fortalece, me libera, me perdona, me restaura, me levanta, me sana, me cuida, me provee y me promete una morada celestial en su presencia. ¡Qué privilegio, qué promesa de Dios, Él me ama porque yo soy una mujer de Dios!

Por otro lado; "Las aldeas quedaron abandonadas en Israel, habían decaído, Hasta que yo Débora me levanté.

Y dice: "Me levanté como madre en Israel." Jueces 5:7.

¿Qué clases de madres o mujeres somos?

Cuando habla de ser una madre, eso es sinónimo de amor, protección y mucha atención, porque ella amaba a Dios, se amaba a sí misma, a su esposo y también a su ministerio. Ella ejercía su trabajo de jueza bajo una palmera, nosotros ahora podemos habitar bajo la sombra del Altísimo y así encontraremos el descanso en los momentos de dificultad, de soledad, de prueba, de tribulación. Él nos consolará a través de su Santo Espíritu.

Débora conduce al ejército a la victoria sobre los Cananeos, y luego compuso un cántico, que es considerado como uno de los mejores.

Repite tú también parte de este cántico:

Despierta, despierta (di tu nombre)_____

Despierta, despierta, entona Cántico.

¡Levántate Barac!

¡Basta ya de pasividad!

Sé astuto como la serpiente y manso como la paloma, para actuar con prudencia y sabiduría, que poseemos mansedumbre. No alabemos al árbol, ensalcemos la virtud de la cruz.

Aprendamos a ser hombres y mujeres atrevidos y llenos del dinamismo que se produce desde lo interior a través de su Espíritu Santo.

Yo quisiera ser como Débora que obtuvo la victoria y expresó al final estas palabras:

"Así perezcan todos tus enemigos, oh Jehová;

Mas los que te aman, sean como el sol cuando sale en su fuerza.

Y la tierra reposó cuarenta años." Jueces 5:31.

Dios quiere que resplandezcamos en medio de toda oscuridad, porque no es con espada ni con ejército, más con su Santo Espíritu tendrás reposo como lo tuvo el pueblo de Israel.

¿Necesitas ser una persona de fe?

¿Necesitas sabiduría y prudencia?

¿Necesitas valor para enfrentarte a la adversidad?

¿Necesitas el amor de Dios, así como Él amó a Débora?

Si tu respuesta es Sí. Y quieres rendirle hoy tu vida a Él, haz esta oración:

Padre celestial, en este día vengo a entregar toda la carga que he llevado por muchos años, te pido que me perdones de todos mis pecados, reconozco que he sido un pecador, pero hoy acepto el sacrificio de tu Hijo Jesucristo que murió en la cruz del calvario para darme vida eterna, escribe mi nombre en el libro de la vida, quiero ser una persona llena de fe para enfrentarme a cualquier enemigo que quiera robarme la paz y el gozo, te lo pido en el nombre de tu Hijo Amado. Amén, amén y amén.

YO SOY
FIEL GUERRERA
DE CRISTO

Mary Escamilla
Dra. ♥

SOY PRINCESA
DEL REY,
EL ME LLAMA SU
REAL TESORO,
LINAJE ESCOGIDO Y
LA NINA DE SUS OJOS.

Mary Escamilla
Dra.

La Vid

FUI HUMILLADA,
DESPRECIADA,
DESECHADA,
SEñALADA Y
ABANDONADA.
PERO EL
TODOPODEROSO
ME AMO, PERDONO
Y ME REDIMIO.

Mary Escamilla

Dra.

La Vid

UN HOGAR DIVIDIDO
NUNCA PROSPERA EN
NINGUNA DE LAS
AREAS DE SU VIDA.

Mary Escamilla
Dra. 🖤

La Vid

SOY

UNA

EMBAJADORA

DE

CRISTO.

Mary Escamilla
Dra. ♥

La Vid

Soy una

Guerrera

De Cristo,

Con visión

En la profecía

Mary Escamilla
Dra. ♥

La Vid

Jesús es el
Sumo Sacerdote
De mi vida.

Mary Escamilla
Dra. ♥

La Vid

Jesús es el
Capitán de
Mi salvación
Y la tuya.

Mary Escamilla
Dra. ❤

Jesús es el
Mejor Juez
Y dador de
La ley.

Dra.

La Vid

Jesús es mi
Redentor y
Mi Salvador.

Mary Escamilla
Dra. ♥

La Vid

Jesús es mi
Profeta de
Confianza.

Mary Escamilla
Dra. ♥

Jesús

Reconstruye

Mi vida y la

De mi familia.

Mary Escamilla
Dra. 🖤

Jesús es mi
Restaurador
Y Ayudador.

Jesús es el
Mensajero de
Pies hermosos.

Mary Escamilla
Dra. 🖤

La Vid

Jesús es el

Profeta

Que llora.

Mary Escamilla
Dra. ♥

La Vid

Jesús es el

Restaurador

Del patrimonio

De los perdidos

De Dios.

Mary Escamilla
Dra. ♥

La Vid

JESÚS
ES LA
FUENTE
DE VIDA.

Mary Escamilla
Dra.

La Vid

Jesús es el
Sol de justicia
En mi vida.

Mary Escamilla
Dra. ♥

La Vid

Jesús siente
Lo que tú
Sientes.

Mary Escamilla
Dra. ♥

La Vid

Jesús es el
Rey de
Los judíos.

Mary Escamilla
Dra. ♥

Jesús es el

Unigénito

Hijo de Dios.

María
magdalena

LA HISTORIA DE
MARÍA MAGDALENA

Una mujer que había sido poseída por siete espíritus malignos, Jesucristo la liberó completamente, se cree que era una mujer rica y poderosa. A diferencia de lo que muchos creen ella tenía mucha servidumbre para que la atendieran y tenía como amigos reyes, aristócratas, así como ricos.

Sí, ella poseía muchas cosas, económicamente no le faltaba nada. Ella inclusive tenía por amantes a grandes personalidades, hasta reyes se rendían a ella, porque era muy bella.

Algunos creen que era de un pueblo que se llamaba Magdala, de allí su nombre.

-Sin embargo, ella contribuyó para el ministerio de Jesús en su predicación por Galilea. Sí, trabajó arduamente para el evangelio después de haber sido tocada por el Maestro.

"Y algunas mujeres que habían sido sanadas de espíritus malos y de enfermedades: María, que se llamaba Magdalena, de la que habían salido siete demonios."

Cuántas veces la mujer es poseída por muchos demonios cuando no ha recibido a Jesucristo y su corazón es duro.

Juana, mujer de Chuza e intendente de Herodes, y Susana, y otras muchas que le servían de sus bienes." San Lucas 18:2, 3.

-Sin embargo, María Magdalena estuvo presente durante la crucifixión de Jesús y le dolió su corazón, ella presenció cuando Simón de Sirene le ayuda a Jesús a cargar la cruz y creo que ella hubiese querido cargar, ayudar a Jesús con la cruz y lloró amargamente.

"Y estaban allí María Magdalena, y la otra María, sentadas delante del sepulcro." San Mateo 27:61.

-Pero también tuvo el privilegio de ver el milagro; fue la primera testigo de la resurrección de Jesucristo.

Qué maravilla presenciar eso, qué mujer privilegiada por Dios. Ser la primera testigo de la Resurrección de Jesús. ¡Extraordinario!

"Pasado el día de reposo, al amanecer del primer día de la semana, vinieron María Magdalena y la otra María, a ver el sepulcro." Mateo 28:1.

Se puede notar que esta mujer estaba tan agradecida con Jesús que nunca se separó de Él, fue fiel a su salvador, sanador y Señor, ejemplo que muchos debemos de imitar, serle fiel hasta la muerte porque después recibiremos el premio de la vida eterna con Él.

Mujer sabia y entendida, una mujer que Dios amó: María Magdalena.

¿Qué clase de vida había llevado María Magdalena antes de experimentar el poder de Dios?

Porque debes saber que Él cambia vidas, restaura corazones y renueva espíritus. Solamente Él puede hacerlo, ríndete a Él así como lo hizo María Magdalena y tuvo su recompensa porque ella perseveró hasta el final.

IMAGINE USTED, ERA POSEÍDA POR SIETE DEMONIOS:
a-Atormentada
b-Mortificada
c-Angustiada

d-Torturada

e-Desesperada

f-Desconsolada

g-Rechazada.

Sí, aunque era muy bella y muy rica, estaba poseída.

Un demonio es un ser espiritual que opera en el mundo de las tinieblas, y que toma el control de una persona para hacer cosas de una manera inadecuada.

Empieza el tormento en la misma persona que es poseída. Qué terrible debe ser.

Estos seres causan un gran dolor, no pueden actuar solos, necesitan un cuerpo para poder hacerlo.

Tú no lo permitas, recuerda siempre que es más grande el que está en ti que el que está en el mundo y que un verdadero creyente no puede ser poseído por ningún demonio, fuerza o potestad, porque tiene el sello del Espíritu Santo.

Por eso es muy importante no abrir puertas al pecado para que ellos no tengan el derecho de entrar a tu cuerpo y vivir en él, repréndelos en el nombre de Jesús. Tú, mujer que estás leyendo, reprende todo espíritu demoniaco en el nombre de Jesús.

Satanás no quiere el bien para nadie, sino quiere la destrucción, divorcios, la muerte para nuestras vidas, pero es el tiempo de decir:

Mi cuerpo es templo del Espíritu Santo y Cristo mora en mí.

¡BASTA YA, REPRÉNDELOS!

Y todas las fuerzas ocultas son destruidas con el gran poder de Jesucristo, a Él le dio toda autoridad en el cielo y en la tierra. Vamos, tienes que creerlo porque está escrito.

Yo creo y le sirvo a un Gran Dios que me ama, y como hijo suyo no puedo ser poseído por ningún espíritu ni huésped de las tinieblas, porque en mí mora y vive el Santo Espíritu de Dios y yo soy luz del mundo y sal de la tierra. Y ninguna comunión tiene conmigo las tinieblas ni la oscuridad.

Todas las fuerzas ocultas son destruidas con el Gran poder de Jesucristo, a Él se le dio toda autoridad en el cielo y en la tierra.

¡NO TENGAS TEMOR!

La Biblia relata a dos endemoniados que salían de los sepulcros, estaban feroces en gran manera, tanto que nadie podía pasar por aquel camino. Los demonios causan temor.

Muchas personas sufren de esa manera porque han abierto puertas y dado paso a que esos espíritus demoniacos entren en sus vidas y traen confusión, depresión, soledad, maldad, pánico, estrés, enfermedad.

Pero Jesucristo vino a traer libertad a los cautivos y a destruir las obras de Satanás, los demonios no soportan la presencia de Jesucristo. Ellos huyen de esa Presencia Divina, de Él, porque ellos le temen a la luz.

"Y clamaron diciendo: ¿Qué tienes con nosotros, Jesús, Hijo de Dios? ¿Has venido acá para atormentarnos antes de tiempo?" San Mateo 8:29.

Como vemos, los demonios conocen a Dios pero no soportan la presencia de Él y se tienen que sujetar al Altísimo Padre Celestial.

No dejemos que nuestra vida sea un territorio dominado por esas fuerzas del mal. En el nombre de Jesús reprendemos a todos y cada uno de esos demonios. Tú tienes el poder porque eres un hijo de Dios y estás sellado con su Santo Espíritu.

Este es el día que Dios ha hecho para que le rindas tu vida, como lo hizo María Magdalena, y seas libre de todo espíritu maligno.

Si en tu vida has perdido toda esperanza, no tienes ánimo para nada y sientes un gran dolor, ven a los pies del Maestro de Maestros, del Señor de Señores y encontrarás la sanidad y la paz que tu alma necesita. Hallarás el descanso que tanto anhelas. Él te restaura, te levanta, te libera, te perdona y te salva. Ven, ríndete a sus pies, Él te espera.

¿Te estás identificando con este tema?

Muchos hemos pasado esa vida de oscuridad, pero ahora vemos la luz a través de Jesús.

Quiero decirte que: No temas porque Dios está contigo y te ama así como amó a María Magdalena entre muchas otras.

Los demonios no pueden gobernar tu vida, ni traerte desánimo. Si Jesucristo está en tu corazón nadie podrá entrar. Recíbelo hoy.

Jesucristo hizo libres a muchos endemoniados. Y nos ha dado autoridad a nosotros también para que lo hagamos, y dijo que haríamos cosas mayores porque Él iba al Padre. Pero nos dejaría un consolador que es el Espíritu Santo.

Así es que también tú tienes esa autoridad y poder que Él te dio cuando Él mora en ti.

"Y estas señales seguirán a los que creen: En mi nombre echarán fuera demonios..." San Marcos 16:17.

¿Lo crees? Bueno, adelante, en el nombre de Jesús toda oscuridad, oscuridad, toda potestad, todo espíritu y toda hueste se van. Yo reprendo a esas tinieblas y venga la luz a mi vida.

María Magdalena es liberada de esos siete espíritus, ahora su vida es totalmente cambiada y libre de toda atadura.

En vez de tormentos... Recibe la paz.

En vez de tortura...Recibió alivio en su corazón.

En vez de desesperación...Recibe la esperanza.

En vez de desconsolación...Recibe la consolación de su alma.

En vez de angustia... Recibe gozo.

En vez de rechazo... Recibe amor, un amor puro y limpio.

Así mismo, todo eso recibe tú hoy.

María Magdalena fue una mujer completamente agradecida con Dios. Muchos de nosotros hemos recibido muchos milagros de Dios en el transcurso de nuestra vida, y nos hemos olvidado de dar Gracias al Creador que hizo los cielos y la tierra.

Aún así pensamos que nos merecemos todo…¡Alto!, hay que ser agradecidos primeramente con el Todopoderoso y luego con las personas y familia que nos rodean, así como con los hermanos.

"Y la paz de Dios gobierne en vuestros corazones, a la que asimismo fuisteis llamados en un solo cuerpo; y sed agradecidos." Colosenses 3:15.

¿CÓMO MARÍA MAGDALENA MOSTRÓ SU AGRADECIMIENTO?

1-SIRVIÉNDOLE A ÉL EN SU MINISTERIO.

Amándolo verdaderamente, como Él a ella.

Debemos seguir el ejemplo de ella, dejar de servir a dioses ajenos y servir al Dios verdadero, Josué lo dijo:

"Y si mal os parece servir a Jehová, escogeos hoy a quién sirváis; si a los dioses a quienes sirvieron vuestros padres, cuando estuvieron al otro lado del río, o a los dioses de los amorreos en cuya tierra habitáis; pero yo y mi casa serviremos a Jehová.

Qué bendición recae sobre tu hogar y tu familia cuando tú sirves y amas al Dios verdadero, al Dios perdonador, restaurador, amador y salvador.

¿Quieres determinarte en este día a servirle de corazón al único Dios verdadero?

¡Si lo haces, es la mejor decisión en tu vida!

Di yo (di tu nombre)_____y mi casa serviremos a Jehová.

El trabajo que hacemos para el Señor no es en vano, debemos ser diligentes y no perezosos, Jesucristo dijo que si alguno le sirve que le siga, y menciona que donde Él estuviere estará su servidor, y que Dios le honraría.

¡Qué gran privilegio es esto! Que Dios te honre por tu servicio. ¡Alabado sea su nombre!

María Magdalena arrebató esta bendición, Él nos pide que le sirvamos con todo el corazón y el alma. Tú verás la recompensa, el regalo que Él te ofrece de salvación para ti y toda tu familia.

Recordemos:

No podemos servir a dos señores, determinémonos hoy a servirle sólo a Él, y no entreguemos nuestras energías y el tiempo a cosas que no edifican. Las que nos hacen perder la energía y el tiempo en vano.

Dediquémonos a servir a Dios, es el más alto privilegio en este mundo, y debemos de hacerlo con alegría, con gozo, con excelencia, con entusiasmo, con disposición de agradecimiento, por lo bueno que Él ha sido con nosotros, por las bendiciones que hemos recibido, por los milagros que Él ha hecho en nuestra vida, en la de nuestros hijos y familia. Gracias por todo eso Señor.

Quizá tú nunca le has servido, no te has querido comprometer, pero sólo recuerda que Jesucristo vino a servir y no a ser servido, Él dio su vida por ti y por mí. Y debemos saber que: el que vino a este mundo y no viene a a servir, no sirve para nada.

Demostremos hoy nuestro agradecimiento sirviéndole, como lo hizo María Magdalena y tantas otras que le amaron.

¡Dejemos de ser rebeldes!!!

Dios a todos nos ha dado dones y capacidades, usémoslas para su gloria. Él nos da la capacidad, el conocimiento y el discernimiento para hacerlo; pídelo y Él te contestará las peticiones de tu corazón.

Porque la venida del Hijo del Hombre está cerca, busquemos el Reino de Dios. Que siempre sea Él número uno en nuestra vida.

2-¿MARÍA MAGDALENA ESTUVO PRESENTE EN LA CRUCIFIXIÓN DE JESÚS?

Lo vio llevando su cruz, presenció cómo Jesús fue crucificado junto a dos malhechores. Ahí ella se devastó y lloró.

Ella y la otra María, dice la Biblia, que estuvieron sentadas, cuando un hombre rico de Arimatea llamado José, que había sido discípulo de Jesús, pidió a Pilatos el cuerpo y lo envolvió en una sábana limpia, y lo puso en su sepulcro nuevo que había sido labrado en la peña; y después le puso una piedra grande en la entrada del sepulcro.

"Estaban allí muchas mujeres mirando de lejos, las cuales habían seguido a Jesús desde Galilea sirviéndole, entre las cuales estaban María Magdalena, María la madre de Jacobo y de José la madre de los hijos de Zebedeo." San Mateo 27:55, 56.

Y presenció todo, hasta vio cuando Simón de Sirene le ayudó a Jesús con la cruz. Qué mujer tan privilegiada, en ese tiempo ya servidora de Cristo porque Dios la amó y la perdonó, pero lo mejor que pudo presenciar fue cuando vio la la tumba vacía: La Resurrección del Divino Salvador, qué extraordinario poder presenciar al Cristo Resucitado y Glorificado.

Qué fidelidad la de María Magdalena, acompañarlo hasta el último momento en su sepultura, quedando devastada de tristeza. Al ver morir a su Señor y Salvador, se entristecía su corazón.

Pero ahora resucitó y su corazón se llenó de gozo. ¡Qué maravilloso!

Un ejemplo de amor y de fidelidad para ser imitado por las parejas; estar con su cónyuge siempre a su lado, en los momentos de adversidad, ya sea de enfermedad, en bancarrota, en momentos trágicos y de dolor, es allí donde se demuestra el verdadero amor. El amor de Dios.

Porque las mujeres como Iglesia de Él estamos casadas con el cordero de Dios, Jesucristo.

Pero, ¿qué pasó después?:

¡Algo extraordinario y hermoso!

La Palabra de Dios dice:

3-MARÍA MAGDALENA FUE LA PRIMERA TESTIGO DE LA RESURRECCIÓN DE JESUSCRISTO.

Jesucristo fue sepultado pero…

¡SÍ, JESUCRISTO RESUCITÓ! ¡RESUCITÓ AL TERCER DÍA!

¡Se levantó de la tumba con poder, venció la muerte!

María Magdalena se dirige junto con la otra María a ver el sepulcro el primer día de la semana, su corazón seguía en conexión con Jesucristo, el cual la había liberado, no se podía olvidar de lo que Él había hecho en su vida, llegando, la tierra se estremeció con un gran terremoto a causa que desde el cielo descendió un ángel que removió la piedra del sepulcro y después se quedó sentado sobre ella. Su aspecto era como el de un relámpago y llevaba puestas unas vestiduras blanquísimas y resplandecientes, y los que estaban vigilando la tumba quedaron como muertos, mas el ángel se dirigió a las mujeres y les dijo:

"No temáis vosotras, porque yo sé que buscáis a Jesús, el que fue crucificado. No está aquí, pues ha resucitado, como dijo. Venid, ved el lugar donde fue puesto el Señor.

"E id pronto y decid a sus discípulos que ha resucitado de los muertos." Mateo 28:5-7.

Muchas personas se han quedado estancadas en el dolor y siguen al Dios que fue crucificado y viven en tristeza, y sin esperanzas porque verdaderamente no han creído en el Dios que vive para siempre, porque Él resucitó de entre los muertos al tercer día. Él está vivo, sí vivo y vive en tu corazón.

Y aún piensan que Él sigue crucificado y muerto...¡No, Él vive para siempre, Él no está muerto! Él está sentado a la diestra del Padre.

Qué bueno que María Magdalena siguió a Jesús aun después de ser crucificado y sepultado y experimentó algo sobrenatural cuando aquel ángel le dio la Gran Noticia, ahora más que nunca su fe se acrecentó a niveles nunca vistos, al ver que Jesucristo resucitó.

Alabado sea el Creador de los cielos y la tierra y todo lo que hay en ella. Él resucitó para darnos vida eterna.

Ella quedó maravillada y cualquier mujer de Dios estaría presenciando ese pasaje tan hermoso de la Resurrección del Señor.

¡Qué fidelidad de mujer!!!

Hasta el final estuvo al lado del Hijo de Dios, y recibe el gran privilegio de ser la primera testigo de la aparición de Jesús, luego se los dijo a los demás apóstoles.

Se imaginan amados lectores, ¡qué bendición, qué privilegio!, los de María Magdalena. Ese amor que sólo el dador de la vida, Dios, puede dar.

¿Qué espíritus están gobernando su vida hoy?, Jesucristo es el mismo de ayer, hoy y por los siglos de los siglos, el propósito de Él no es que estés atormentado(a), por esas fuerzas del mal, Él quiere que le sirvas de corazón, que seas testigo de su misericordia, de su amor y su cuidado.

Que así como María Magdalena tú seas testigo de los milagros y amor que Él tiene para ti.

No importa lo que estés atravesando, si es enfermedad, si es separación, depresión, angustia, opresión, ansiedad o cualquier dolor, Él puede destruir todo poder de las tinieblas, en tu vida, en toda tu familia y en tus generaciones. Él rompe cadenas de ataduras generacionales.

¿Por qué estás sufriendo por ese hijo, cautivo en los vicios, en la mentira, en el robo, en la idolatría, en la fornicación, en el adulterio, en el fraude? O quien se fue de la casa o desapareció. O tu cónyuge te abandonó o tus padres no están contigo. Entrega todo eso a Dios, Él te va a dar el consuelo y sanación para tu vida en todas las áreas.

Ahora créelo.

¡Dios tiene el poder para hacerlo libre!

¿Tu esposo está atado a otra relación?

¡No se escapará, frente al Señor Jesucristo!!

¿Cuál es tu necesidad?

¿Quieres ser libre?, te invito a que hagas una oración y di:

En este hermoso día te entrego todo mi ser, hazme libre de esos espíritus que me han tenido gobernado(a) por muchos años. Te pido Señor Jesús que los eches fuera de mí, así como lo hiciste con María Magdalena, hazme libre de todo espíritu de oscuridad en mi vida que no sea agradable a ti. Perdóname por todos mis pecados y cierra las puertas que yo abrí sin querer o por ignorancia, te acepto en mi corazón, como mi único y suficiente salvador de mi alma, escribe mi nombre en el libro de la vida, restáurame, yo quiero serte fiel y servirte todos los días de mi vida, te lo pido en el nombre de tu Hijo Jesucristo. Amén, amén y amén.

No violes

Las leyes

De Dios

O tendrás

Consecuencias

En tu vida.

Dra.

Anhela

Tener

Un

Verdadero

Espíritu

De fe

Y recibirás

Bendiciones.

Dra. ♥

La Vid

Los líderes

No son

DIOS para

Cambiar

La vida

De nadie.

Solamente Dios

Puede hacerlo.

Mary Escamilla

Dra.

La Vid

Anhela que
El Espíritu
Santo te dé
Convencimiento
Del arrepentimiento
De tus pecados.

Mary Escamilla
Dra. 🖤

La Vid

Todas las
Enfermedades
Son espirituales,
Arrepiéntete hoy
Y sanarás.

Mary Escamilla
Dra.

La Vid

Confía siempre

Aunque te

Critiquen

Tus enemigos,

Dios te saca

De cualquier

Lugar o situación.

Mary Escamilla
Dra. 🖤

La Vid

¡Cuidado!

Muchos

Líderes

Traen

A la Iglesia;

Herejías,

Blasfemias

Y Falsas

Doctrinas.

Mary Escamilla
Dra. ♥

La Vid

Sé como
Daniel,
Propón
En tu
Corazón No
Contaminarte
Con nada.

Mary Escamilla
Dra. ♥

La Vid

Jesús es el

Salvador

Del mundo.

Mary Escamilla

Dra. ♥

La Vid

Jesús es el

Poder

En todo tiempo.

Mary Escamilla
Dra. 🖤

Jesús es
Mi vida
Diaria.

Mary Escamilla
Dra. ♥

Jesús es la
Motivación
De mi vida.

Mary Escamilla
Dra. ♥

La Vid

Jesús es mi
Fundamento.

La Vid

Jesús es el
Principio
Y el Fin.

La Vid

Jesús es el
Principio
Y el Fin.

Mary Escamilla
Dra. ♥

La Vid

Jesús es el
Que era,
El que es
Y el que
Vendrá
Pronto.

Mary Escamilla
Dra. 🖤

La Vid

JESÚS
RESUCITÓ
CON PODER.
AMÉN.

Mary Escamilla
Dra.

La Vid

Jesús trae
Gloria a
Mi vida.

Mary Escamilla
Dra.

Jesús es

Misericordioso.

Mary Escamilla
Dra. ♥

La Vid

Jesús es
Tres veces
Santo.

Mary Escamilla
Dra. ♥

Jesús es

Todopoderoso.

La Vid

Jesús es

Mi Señor

Y único Salvador.

Mary Escamilla
Dra. ♥

Jesús

Gobierna

Mi vida.

Mary Escamilla
Dra. 🖤

Rahab

LA HISTORIA DE RAHAB

Rahab, su nombre viene de un dios egipcio, pertenecía a un pueblo idólatra enemigo de Dios, y ejercía la prostitución, denigrando así su cuerpo por dinero.

Y aunque Rahab no valorizó su propio cuerpo, no sabemos los motivos que la llevaron a caer en esa clase de vida. Posiblemente había tenido decepciones amorosas que la llevaron al camino equivocado, pero después ella decide acercarse al Dios verdadero, entregarle a Él su vida. Dios amó a Rahab, qué privilegio; qué hermoso que sepamos que Dios la amó, no vio Él la condición de pecado que ella tenía en su vida. Él, en su más infinita misericordia decide amarla y perdonarla. Qué amor tan grande Él nos muestra.

Cuando ve que se avecina la destrucción para Jericó, Rahab se arriesga a recibir a dos espías y luego se salva ella y toda su familia, reflejándonos así Dios, el plan de salvación para toda la humanidad.

Esta historia nos refleja la gracia y el amor de Dios que no importando el pasado de la persona, cuando nos volvemos a él, hay nuevos comienzos en nuestra vida. Ella ejercía la prostitución corporal carnal, pero así muchos de nosotros también prostituimos la mente, el alma, la familia, el trabajo, el ministerio y muchas cosas más que no son agradables a Dios.

Y entonces, cuando le buscamos, primeramente Él se encarga de todas nuestras necesidades.

Por otra parte…

Es por eso que siempre tenemos que buscarlo primeramente a Él para que tengamos esa cobertura de su amor, de ese gran amor que Él tuvo para Rahab. De la misma manera nos ama a ti y a mí.

Hubo después un hombre llamado Salmón a quien no le importó su pasado, la valoró y se casó, honrándola como mujer, llegando a ser incorporada a la genealogía de Jesucristo. No sin antes pasar ella por diversas pruebas en su vida, pero aferrándose a cambiarla y dedicársela a Dios.

"Josué hijo de Nun envió desde Sitim dos espías secretamente, diciéndoles: Andad, reconoced la tierra, y a Jericó. Y ellos fueron, y entraron en casa de una ramera que se llamaba Rahab, y posaron allí." Josué 2:1.

Los espías llevaban una misión difícil, pero no imposible para Dios.

Pero:

¿A dónde se dirigieron?

¿A casa de una prostituta?

¿Cómo?

Sí. ¿Una prostituta?, podemos pensar…¿Pero cómo es posible si ellos son unos hombres de Dios?

Unos servidores de Dios entrando a una casa de prostitución, pero estos dos espías, eran temerosos de Dios, diferentes a los hombres que habían visitado a Rahab, los cuales eran llevados por pasiones vergonzosas y caían rendidos bajo los espíritus de seducción y mentira de esta mujer que vendía su cuerpo por dinero.

Sin embargo era verdad, ellos estaban ahí entrando a la casa de Rahab, la ramera.

Así como estos dos espías llegaron a su casa, Dios toca a la puerta de nuestro corazón, para habitar con nosotros y llevarnos paz y amor al corazón herido.

Me imagino que no era fácil para ella. Muchas de las veces juzgamos y señalamos a la ligera y sin pensar cuáles fueron los motivos que le llevaron a esta persona a vivir así, de esa manera. Bueno, los planes de Dios son perfectos y los propósitos que Él tiene para cada persona son siempre diferentes porque Él conoce los pensamientos y el corazón de cada persona. Él pesa los corazones y los limpia si están heridos. Así como restaura vidas, levanta a los abatidos y libera a los presos.

Estos hombres impactaron su vida y expresó estas palabras:

"Sé que Jehová os ha dado esta tierra, porque el temor de vosotros ha caído sobre nosotros, y todos los moradores del país ya han desmayado por causa de vosotros." Josué 2:9.

Una pregunta, amado lector:

¿Cómo impactamos a otros?

Empecemos por nuestra familia, como padre o como madre, como nuestros hijos son impactados por nosotros, que reflejamos en nuestros rostros, en nuestro carácter, en la manera que les hablamos y los corregimos, muchas veces los imprimimos de inseguridades diciéndoles palabras que los hieren, y los marcan muchas veces para toda su vida.

Dejemos verdaderas huellas en nuestros hijos, familiares, amigos, compañeros, que impacten a ellos hacia una vida positiva y próspera y seamos verdaderos ejemplos, de esa manera será una mejor sociedad conformada con buenos cimientos, educación y moral. Para los que están a nuestro alrededor verán la luz en nosotros.

Para impactar sus vidas positivamente de cosas, debemos ser temerosos de Dios.

Aquí podemos ver que toda una nación es invadida por el temor de Jehová, así podemos nosotros hacer que el reino completo de las tinieblas que quiere destruir nuestra vida y la vida de nuestra familia se paralice y que separe todo poder en contra de nosotros. Desactívalo haciendo un impacto en las personas.

Recuerda que Dios te ha dado un espíritu de dominio propio, no de temor.

Muchas veces no es el temor de Dios el que ven las personas en nosotros, sino otra clase de temor como:

-Temor a la enfermedad.

-Temor a la escasez.

-Temor a morir.

-Temor a fracasar.

-Temor a manejar.

-Temor a dejar algo que nos hace daño.

¿Qué hizo de bueno esta mujer de fama vergonzosa?

1-UN CORAZÓN HOSPEDADOR.

Ella los alojó en su casa, ella estaba acostumbrada a recibir visitas, aun de desconocidos que solicitaban sus servicios, pero ahora entran a su casa dos hombres que no buscaban satisfacer sus instintos carnales, sino llevaban una misión especial y estaban llenos de la presencia del Todopoderoso.

Qué privilegio que a pesar de su vida en pecado Dios manda estos ángeles a que la visiten porque Él tenía un propósito en la vida de Rahab la ramera y los manda a hospedarse allí.

Dios bendice y sabe recompensar un corazón hospedador, dice su palabra que muchos sin saber hospedaron ángeles.

¿A quiénes nosotros hemos alojado en nuestro hogar?

Muchas veces a personas que al final nos han dañado, han hablado de nosotros, no han sido agradecidas, causándonos heridas y resentimientos. Eso es lo que había pasado con Rahab, había tenido una vida conflictiva de decepciones, pero ahora quienes la visitan eran hombres enviados por Dios.

Ahora te pregunto:

¿A quiénes tú y yo hemos alojado en nuestro corazón?

Cuántas veces les hemos abierto las puertas de nuestro corazón a sentimientos equivocados que nos han causado dolor en nuestra vida, personas que no traen ninguna buena intención y se disfrazan de ovejas, pero son lobos rapaces que lo que buscan es su propio beneficio.

Y nos vienen a desilusionar, a mentir y muchas veces hasta aprovecharse de ti y quitarte la privacidad sin saber todo el dolor que te causan por esa insensatez o malas decisiones, o por esa inconsciencia que lo único que pretenden es estar bien ellos sin importarles las demás personas. Dime, ¿cuántas veces puedes contarlas y te faltan dedos en tu mano para contar esas veces que te han dañado?

Quizás.

¿Estás pasando una situación similar en tu vida emocional?

Recuerda nadie se puede esconder de Dios, Él conoce los pensamientos y el corazón de los hombres, y que a su tiempo recibirán su pago, si no se arrepienten de sus actos.

¿Has sido víctima de estas personas?

Ahora busca el rostro de Dios, pídele perdón por no consultar con Él tus decisiones y ora por esas personas que te causaron o te están causando problemas, déjalos en las manos de Dios y Él te dará las estrategias para que salgan de tu corazón.

Y ya no pueden causar daño alguno para que estés en paz y puedas decir: Gracias Señor por amarme a mí también y mandar ángeles a mi casa.

La biblia nos habla que el obispo tiene que ser hospedador, es una cualidad que no a muchos nos gusta, que alguien entre a ser parte de la privacidad de nuestra familia.

PERO...¡CUIDADO!

¿A quiénes vamos a hospedar en nuestros hogares? Necesitamos al Espíritu Santo que nos dé el discernimiento para estar seguros si son enviados de Dios y que hay un propósito divino al ser recibidos por nosotros.

Rahab los instala en su hogar arriesgando su propia vida y la de su familia, porque ella vio en ellos la presencia del Dios Todopoderoso.

2-PROTEGE A LOS DOS ESPÍAS.

El rey de Jericó se dio cuenta que habían entrado a la casa de Rahab dos espías y le envía a decir que los sacara, pero ella hace lo contrario, los esconde en el terrado de su casa, entre los manojos de lino que tenía.

"Mas ella los había hecho subir al terrado, y los había escondido entre los manojos de lino que tenía puestos en el terrado." Josué 2:6.

El cordón es simbolismo del sacrificio de Cristo en la cruz del calvario.

Y ella tiene que poner un cordón en su casa, esa es la señal para que cuando esa ciudad sea atacada, a ella y a su familia sean salvos. Ese era el propósito de Dios en la vida de Rahab.

Ese cordón debe estar también en cada una de nuestras casas, es el testimonio personal y la evidencia que tienen que ver las personas en nosotros, que hemos sido redimidas del pecado y ahora somos salvos por la gracia de nuestro Señor y salvador Jesucristo.

Los resguardó en su casa y los protegió de la muerte segura, del rey de Jericó. Su casa se convirtió en un abrigo de Dios.

Sin saber que eran unos hombres de Dios, ella por su buen corazón decidió hospedarlos y por eso Dios la amó. Una mujer valiente y entendida, es por eso que ahora su nombre se menciona en la Biblia y ya no es Rahab la ramera. Simplemente es Rahab, una mujer que Dios amó.

3-TUVO UN CORAZÓN MISERICORDIOSO.

La misericordia es un atributo divino, Dios es tardo para la ira y grande en misericordia, y es desde la fundación hasta la eternidad.

El que da misericordia, recibirá misericordia.

Cuando hablamos de misericordia estamos hablando de tener compasión hacia los sufrimientos ajenos, y no sólo de sentirlo adentro sino exteriorizarlo con acciones que los favorezcan a ellos.

Rahab fue inclinada a la compasión que es un atributo divino.

Porque la fe sin obras es muerta, ella dio testimonio que tuvo fe para creerles a ellos e hizo obras, que es lo que nos cuesta hacer a muchos.

Sí, porque mucha gente dice: Yo amo a Dios; pero amarlo y conocerlo son dos cosas diferentes. Cuando de verdad lo conoces en la intimidad reflejas esas obras que son las divinas y cuando eres tocado(a) por Dios haces buenas obras y se refleja en ti que verdaderamente conoces a Dios y que está Él obrando en ti.

"Os ruego pues, ahora, que me juréis por Jehová, que como he hecho misericordia con vosotros, así la haréis vosotros con la casa de mi padre, de lo cual me daréis una señal segura; y que salvaréis la vida a mi padre y a mi madre, a mis hermanos y hermanas, y a todo lo que es suyo; y que libraréis nuestras vidas de la muerte." Josué 2:12, 13.

Los espías le prometieron protegerla a ella y su familia siempre y cuando ella respetara esa señal de atar ese cordón.

El mismo que vuelvo a decir debemos tener y atar en nuestros hogares para que sean cubiertos con la presencia de Dios.

4-UNA MUJER DISCRETA.

La discreción es recompensada grandemente, aun con la vida misma.

"Ellos le respondieron: Nuestra vida responderá por la vuestra, si no denunciareis este asunto nuestro; y cuando Jehová nos haya dado la tierra, nosotros haremos contigo misericordia y verdad." Josué 2:15.

La persona discreta es reservada y prudente, sabe guardar secretos, no los divulga ni dice: "Te lo voy a contar, pero no se lo digas a nadie.", así lo hizo Rahab no declaró a nadie que había escondido a los dos espías, así nosotros tenemos que ser como la mujer descrita en el libro de proverbios que dice que:" Abre su boca con sabiduría."

¡Ah, pero cómo nos cuesta…!

Si apenas sabemos algo y más cuando nos dicen 'no lo digas'; parece que nos están ordenando 've y dilo'. Eso es obra del enemigo, no caigas en esa tentación, es mejor callar y cuando hables hazlo prudentemente como pide la Palabra de Dios. Usa la sabiduría y el entendimiento, eso es agradable al Señor Jesucristo.

El no guardar secretos nos hará hombres y mujeres que encenderemos fuegos grandes que pueden destruir amistades y aun llevarlos a la misma muerte.

Así es que mucho cuidado…con descubrir los secretos que han sido confiados a nosotros.

Sigamos el ejemplo de Rahab que, por su hospitalidad, la protección que dio, su espíritu misericordioso y su discreción la llevaron a salvar su vida.

"Más Josué dijo a los dos hombres que habían reconocido la tierra: Entrad en casa de la mujer ramera, y haced salir de allí a la mujer y a todo lo que fuere suyo; como lo jurasteis. Y los espías entraron y sacaron a Rahab, a su padre, a su madre, a sus hermanos y todo lo que era suyo; y también sacaron a toda su parentela, y los pusieron fuera del campamento de Israel.

Mas Josué salvó la vida a Rahab la ramera, y a la casa de su padre, y a todo lo que ella tenía; y habitó ella entre los israelitas hasta hoy, por cuanto escondió a los mensajeros que Josué había enviado a reconocer a Jericó." Josué 6:22, 23, 25.

Rahab es la representación de la Iglesia de Cristo amada por Dios y, aunque haya sido muchas veces infiel, cuando se arrepiente de corazón es perdonada de su mala reputación para empezar una nueva vida. Dios borró sus pecados y luego vemos que se casa con Salmón que era un príncipe de la casa de Judá y según historiadores dicen que fue uno de los espías que fue enviado por Josué.

Ahora te digo, no importa tu pasado y lo que hayas hecho, si tú escuchas su voz, Él entrará a tu corazón, te limpiará y te sanará de toda herida, y como dice su palabra, cree en el Señor Jesucristo y serás salvo tú y tu casa, así sucedió con Rahab, ella y su familia fueron salvas.

Si has llevado una vida como la de Rahab y estás cansada, Dios quiere decirte que te ha amado siempre, él quiere darte estabilidad y prosperidad en todas tus áreas, no sigas hundiéndote en el pecado, Rahab estaba condenada a morir por la forma en que llevaba su vida de pecado, pero Dios llegó a su rescate y la salvó.

Y es incluida en la genealogía de Jesucristo ya que de esa relación con Salmón nació Booz que fue el esposo de Rut, del cual nació

Obed que fue el abuelo del rey David, de donde vino nuestro salvador Jesucristo.

Qué extraordinario, qué linaje, qué genealogía, qué bueno es Dios, no cabe duda que en sus misericordias y sus propósitos todo lo hace perfecto. Él siempre está a tiempo y fuera de tiempo en la vida de cada uno de nosotros, así como lo hizo con Rahab, la ramera, que ahora en el Nuevo Testamento únicamente es llamada Rahab. ¡Qué privilegio!

Dios honra a los que le honran.

Amado, recuerda siempre, los propósitos de Dios son perfectos y el tiempo de Él no es de nosotros.

Te invito a hacer esta oración:

Bendito Padre Celestial, creador del cielo, la tierra y todo lo que existe, en este día reconozco que te he fallado, he pecado contra ti y mi propio cuerpo no valorizándolo que es el templo del Espíritu de Dios. Pero hoy quiero abrir las puertas de mi corazón, para que habites por siempre, sé que en tu Unigénito Hijo Jesucristo hay salvación y que es el único camino y el único mediador entre Dios y los hombres, por favor escribe mi nombre en el Libro de la Vida, te lo pido en el nombre de tu amado Hijo Jesucristo. Amén, amén y amén.

La Vid

La Biblia
Describe
A los
Perezosos
Como
Negligentes,
Indolentes,
Orgullosos,
Engañadores,
Vanidosos,
Desleales
Y Ambiciosos.

Mary Escamilla
Dra. 💗

Las hormigas

Recogen en

El verano.

Tú también

Recoge tu

Provisión

Para el

Invierno.

No te

Condena Dios,

Te condena

La ley por tu

Desobediencia.

Mary Escamilla
Dra. ♥

La Vid

Dios es

Perfecto

Y tiene dos

Atributos;

Naturales

Y Morales.

Mary Escamilla
Dra. ♥

La Vid

Aun en

La prisión

Y tribulación,

Canta y alaba

A Dios, como

Lo hizo Pablo.

Mary Escamilla
Dra. 🖤

A la
Humildad,
Dios le da
Poder bajo
Dominio a sus
Amados hijos.

Mary Escamilla
Dra. ❤

La Vid

En la

Riqueza y

Prosperidad,

Haces amigos;

En la

Pobreza o en

Enfermedad,

Se alejan

De ti.

Mary Escamilla
Dra. ❤

La Vid

Apártate
Del mal,
Para que
No vayas
A la
Oscuridad.

Mary Escamilla
Dra. ♥

La Vid

Jesús es el

Gran Misionero

En el extranjero.

Mary Escamilla

Dra. ♥

La Vid

Con la Idolatría,

La mente se pierde

Y se extravía.

Mary Escamilla
Dra. ♥

La Vid

La Creación de Dios
Es hermosa en todo
Su esplendor.

Mary Escamilla
Dra. 🖤

No cauterices
Tu conciencia,
O tendrás
Consecuencias
En tu vida.

Dra. ♥

La Vid

Que no se turbe
Tu espíritu,
Pídele a Dios
Discernimiento.

Mary Escamilla
Dra. ♥

No te unas
Al enemigo,
Porque serás
Culpable por
Asociación.

Dra.

La Vid

El derecho
Del humano,
Es respetar
La vida de
Todo el ser
Humano que
Aún no ha nacido.

Mary Escamilla
Dra. 🖤

La Vid

El asesino

Más vil,

Es aquél que

Mata a un

Inocente

Dentro del

Vientre de

La madre.

Mary Escamilla
Dra. ♥

La Vid

Todos los
Ídolos que
Tengas en
Tu vida,
Son vanidad.

Mary Escamilla
Dra. ♥

El hombre

De pecado

Quiere

Destruirte.

Mary Escamilla
Dra. ♥

La Vid

Señor,

Úsame,

Llévame,

A donde

Tú quieras

Que yo vaya.

Mary Escamilla
Dra. 🖤

La Vid

En todas

Las áreas

De tu vida,

Haz la Milla

Extra.

Mary Escamilla
Dra. ♥

La Vid

Los hijos

De Dios

Oyen su voz.

Mary Escamilla

Dra. 🖤

**Dios pone
Sus ojos
En ti y te
Enseña el
Camino.**

Mary Escamilla
Dra. 🖤

La Vid

Solamente

Los vencedores

Gobernarán.

Mary Escamilla
Dra. ♥

La Vid

Dios cuida
De sus hijos,
No de los
Bastardos.

Dra. ♥

EPILOGO

Las características de todas las mujeres que encontramos en la Biblia, en todas las historias aquí escritas, vemos que fueron obedientes, sabias, entendidas, valientes y que siempre siguieron Instrucciones Divinas y sobre todo, todas ellas, tuvieron un común denominador; misericordia, servicio y amor.

Qué hermosas características de todas ellas y qué servicio tan extraordinario para el Señor, porque fueron mujeres que Dios amó, mujeres dignas de admiración, llenas de amor, de gracia y de fe.

Quizás hubo algunas pecadoras, adúlteras, desobedientes, Etc., pero todas al final se arrepintieron y Nuestro Señor Jesucristo las perdonó, las salvó y ellas nos dejaron una enseñanza de amor y obediencia a Dios.

Todas ellas perseveraron hasta el final y fueron recompensadas por Dios. Qué maravilloso es servir al Señor con todo tu corazón, con toda tu mente y con toda tu alma.

Verdadero ejemplo a seguir de cada una de ellas, verdadera enseñanza, siempre pusieron todo en las manos de Dios y siguieron la Instrucción Divina.

Sirvieron con entrega, con humildad, con amor, con fe, con obediencia, con arrepentimiento, con bondad y sobre todo fueron mujeres virtuosas y generosas, con piedad.

¿Con cuál mujer te identificas?

1 Infiel

2 Cuidadora

3 Abandonada

4 Amadora

5 Estéril

6 Prostituta

7 Mentirosa

8 Endemoniada

9 Creyente

10 Fiel

11 Abusada

12 Evangelizadora

13 Fornicaria

14 Adúltera

15 Obediente

16 Vanidosa

17 Temerosa

18 Sabia

19 Entendida

20 Valiente

22 Guerrera

BIOGRAFÍA DE LA REVERENDA MARY ESCAMILLA

La escritora nació en un bello Estado de la República Mexicana. Desde niña sintió inclinación por las letras, especialmente por los versos que escribía para diferentes eventos de la escuela primaria. En el transcurso de sus estudios de secundaria y preparatoria, se reveló en ella una fuente de inspiración que nunca la ha abandonado. En aquella época empezó a escribir historias para libros, guiones cinematográficos y letras de canciones (hasta la fecha más de 3.000), en su mayoría de contenido positivo, que dejan un buen mensaje; así como alabanzas y libros cristianos.

Mary Escamilla afirma: "Cuando acepté a Cristo vino a mi vida una fuente de inspiración divina y así empezó esa grande bendición de escribir más y más. Entre mis nuevas obras están los Milagros de Dios; Bendito Regalo de Salud Natural (con plantas, frutas y verduras); Limpia tu Cuerpo, tu Mente, tu Alma y Corazón; Balance de Vida; Dios Está en Todo Lugar y en Todo Momento, Gotitas de Limón y Miel, De la Luz a la Oscuridad, entre otros.

He escrito más de 200 alabanzas y cantos cristianos. En la actualidad soy Ministro Ordenado de la Economía de Dios. El Señor me ha usado grandemente para predicar el Evangelio a través de los libros como escritora y agradar a Dios en las alabanzas".

Otra faceta de Mary Escamilla es la de doctora en Naturopatía, terapeuta y consejera de salud natural. Por más de 25 años ella ha estado al aire en programas de radio y televisión, dando consejos a su comunidad sobre nutrición y salud.

Mary Escamilla aparece en el libro de National Register's Who's Who in Executive and Professionals, de Washington D.C., y en medios impresos como Selecciones Hispanas, Presencia y Enlace USA, entre otros. De igual manera ha participado en programas cristianos de radio y televisión por su faceta profesional y por los libros que ha escrito y publicado, que en la actualidad son más de 53 y 16 audiolibros.

Reflexión de una mujer hablando con Dios...

No sé ni cuántas veces
escuché que había
un Dios que me salvaba.

Pero yo no escuchaba nunca nada,
y en los placeres del mundo
siempre andaba.

Pero llegó el tiempo
en que mi corazón ya lo necesitaba,
clamaba en oración
porque a mi vida Él llegara.

Y un día me escuchó en oración
y me dijo que a diario Él me visitaba.

Y ahora es mi amigo fiel,
en todos los momentos
Él siempre está conmigo
y me dice que me ama
y que estará conmigo
hasta el último día de mi vida.

Mujer (poesía)

Mujer, tu padre ya pagó
el rescate por tu vida.
Mujer, no te preocupes más
Él ya ha sanado tu corazón
de todas las heridas.

Mujer, no creas más en las mentiras
que te dice el enemigo,
porque tú tienes libertad
y porque tu Padre Celestial
pagó el rescate por tu vida
y Él a cambio dio la suya.

Mujer, tú tienes
el regalo más hermoso
de parte de tu Padre Celestial;
la salvación de tu alma
y de llevar en tu vientre una vida,
mira, ¡qué maravilla!

Mujer, tú debes de
ser agradecida porque
tu Padre Celestial te ama tanto
que te cuida y dio su vida
a cambio de la tuya.

Porque te amó y
te ama todavía.
Por eso sé agradecida.

Todo vuelve
todo vuelve,
siembra lo que
quieras cosechar.

Atrévete, todo
vuelve, todo vuelve,
decídete ahora
si es que vas a amar.

Todo vuelve, todo
vuelve, todo vuelve
siempre a su lugar
si amas a alguien
siempre dale libertad.

Todo vuelve, todo vuelve,
siembra lo que
quieras cosechar.

No queremos que termines de leer un libro más, si has sentido que necesitas de ese Ser Maravilloso que dio su vida por ti en la Cruz del Calvario; éste es el día que le entregues todo tu corazón. Te invito a que hagas una oración y di:

Padre Celestial, vengo a ti reconociendo que soy pecador(a), quiero que en este día perdones todos mis pecados. Sé que moriste en la Cruz del Calvario por mí, para que yo recibiera la salvación de mi alma.

Señor, te recibo en mi corazón como mi único y suficiente salvador de mi alma. Escribe mi nombre en el Libro de la Vida, te lo pido en el nombre de Nuestro Señor Jesucristo. Amén, amén y amén.

Amén al Padre
Amén al Hijo
Amén al Espíritu Santo